提升國際交流能力的日語教科書

こんにちは
你好 ❸ 課本

國中小學
高中職　　適用的第二外語教材
社區大學

東吳大學日文系
陳淑娟教授　著

給同學們的話

親愛的同學們：

　　歡迎來到新學期的日語教室！學完了第 2 冊，已進入第 3 冊了，日文是不是越來越進步了？不只會說日語，也能寫日文，並能用日語接待來訪的日本朋友，與他們聊天互動，這種感覺是不是小有成就感呢？同時，能用日語上網，查尋新的資訊，與台灣比較比較，是不是更增長知識了呢？是的！這就是我們一向共同的目標！使用這本新書，繼續好好地跟著老師學習，並在教室中與同學們一起用日語進行各式各樣的活動，那麼再經過一個學期之後，日語文能力就可以再往上升一級了！

　　第 3 冊的程度又更進階一點喔！不過跟以前一樣，上課前首先還是請同學們仔細看每一課的「學習目標」與「自我評量」。看看「學習目標」，心理先準備在這一課到底要學什麼。而上完了一課，大家要做做「自我評量」喔，也就是為自己打個分數，累積越多 5 顆星（滿分），那麼你就能越快達成目標了！萬一，有些項目未達 5 顆星，沒關係，可以自己再多做練習，多聽 MP3，直到精熟，自評滿分為止。

　　在這一冊裡，我們將進一步學習與來訪的日本姊妹校朋友有更深入的對話與互動，包括日本朋友入班學習時，對他們說明台灣的習慣、問問對台灣的印象、邀請留學生來訪、訪問日本人、用 Skype 進行視訊交談、交換信件等等，期待同學們透過這學期的學習，都能更自由自在地使用日文。但是，同學們要克服害羞的心理，熱誠勇敢地達成任務。

　　跟第 1 冊、第 2 冊一樣，同學們在課堂中一定要跟著老師做各種小組的討論、發表等活動，才能自然地使用。此外，第 3 冊新增加了閱讀，也新增句子書寫表達練習，雖然文章越來越長了，但訣竅是每天多聽 MP3 跟著唸，不管口說或書寫就能跟日本人溝通無礙了。還是提醒同學們，多聽日語，多讀日文，隨時使用日文，再過半年，你就是一個更高竿的日語高手，同學們！加油囉！

陳淑娥 敬言

2019.07.06.

目次

なぜ私は日本語を学ぶのか

學習目標

1. 能向別人說明三個學習日文的目的。

2. 能向別人詢問學習外語的目的。

3. 能說明自己的日本經驗或與同學分享自己特別的經驗。

- 聞いてみよう

- 語句と表現

- やってみよう

　①詢問朋友學日文的動機

　②分享我的日本經驗

- 読んでみよう

- ポートフォリオにいれよう

聞_きいてみよう

聽聽看

1.

2.

3.

4.

1. 友達を作る　　　　　tomodachi wo tsukuru

2. 友達とおしゃべりする　　　tomodachi to oshaberisuru

3. メールを読む　　　　meeru wo yomu

4. ゲームをする　　　　geemu wo suru

5. 日本へ留学する　　　nihon e ryuugakusuru

6. 日本へ旅行する　　　nihon e ryokoosuru

7. バラエティ番組を見る　　baraetibangumi wo miru

8. アイドル　　　　　　aidoru

9. 声優のことを知る　　seeyuu no koto wo shiru

10. ネットショッピング　　nettoshoppingu

11. もう一つ　　　　　　moohitotsu

12. 外国語を学ぶ　　　　gaikokugo wo manabu

13. キャラクターのグッズ　　kyarakutaa no guzzu

14. 着物の帯　　　　　　kimono no obi

15. 気に入っている　　　ki ni itteiru

16. 世界中　　　　　　　sekaijuu

17. 宝物　　　　　　　　takaramono

18. 探す　　　　　　　　sagasu

やってみよう  🔊 03

①詢問朋友學日文的動機

例

A：どうして日本語を勉強していますか。

B：日本人の友達とおしゃべりしたいからです。Aさんは。

A：私もです。（or. 私は日本のマンガを読みたいからです。）

②分享我的日本經驗

📙 1

・これは私の好きなキャラクターのグッズです。

・小学生の時、東京で最初の一個を買いました。

・今、全部で20個あります。

📙 2

・これは京都で撮った写真です。

・着物の帯はきつかったけど、日本人になった気分でした。

・お寺で撮った写真はとても気に入っています。

例 3

・これは私の好きな<u>ゲーム</u>です。

・いろいろなキャラクターが選べます。

・世界中の人と一緒に宝物を探します。

私の例

これは＿＿＿＿＿＿＿＿＿＿＿＿です。

＿＿＿＿＿＿＿＿＿＿＿＿＿＿＿。

＿＿＿＿＿＿＿＿＿＿＿＿＿＿＿。

とても気に入っています。

読んでみよう  🔊 04

私はなぜ日本語を学ぶのか

英語、中国語、日本語、フランス語、ドイツ語、スペイン語、韓国語

など、世界には本当にたくさんの言語があります。中でも、日本語

は1億2000万人以上の人が話す言語です。世界中で話されて

いる言語の中で、10番目に多いです。

　私が日本語を勉強する理由は3つあります。

1. 日本のことを知る

　私は日本の本やインターネット、テレビ番組などで日本の情報

を集めたいです。

2. 文化について学ぶ

　外国語を学ぶと、その文化も知ることができます。そして自然に

自分の文化と比べることができるから、自分の文化についても

もっとよく分かります。

3. 新しい人と出会う

　これが一番大切です。日本語ができれば、日本人と友達になる

機会が多くなります。

ポートフォリオにいれよう

①詢問朋友學日文的動機

「我為什麼學日文」學習單

	1	2	3
私	日本へ行きたい	漫画を読みたい	ゲームをしたい
さん			
さん			
さん			
さん			

ポートフォリオにいれよう

自我評量：

① 我能向別人說明三個學習日文的目的。

☆ ☆ ☆ ☆ ☆

② 我能向別人詢問學習外語的目的。

☆ ☆ ☆ ☆ ☆

③ 我能說明自己的日本經驗或與同學分享自己特別的經驗。

☆ ☆ ☆ ☆ ☆

Unit 2

私^{わたし}の休日^{きゅうじつ}

學習目標

1. 能說明自己假日常做的事，並詢問對方。
2. 能描述自己難忘的寒暑假經驗。
3. 能詢問日本朋友假日做了什麼。

- 聞^きいてみよう

- 語句^{ご く}と表現^{ひょうげん}

- やってみよう
  ①假期大不同
  ②我的假日
  ③難忘的寒暑假

- 読^よんでみよう

- ポートフォリオにいれよう

聞いてみよう <small>き</small>

🔊 05

聽聽看

1.

2.

3.

4.

1. 遅くまで寝る　　　　　osoku made neru

2. 音楽を聴く　　　　　　ongaku wo kiku

3. 洗濯をする　　　　　　sentaku wo suru

4. 家事をする　　　　　　kaji wo suru

5. 買い物をする　　　　　kaimono wo suru

6. テレビを見る　　　　　terebi wo miru

7. 料理をする　　　　　　ryoori wo suru

8. ペットの散歩をする　　petto no sanpo wo suru

9. スマートフォン　　　　sumaatofon

10. ゲームをする　　　　　geemu wo suru

11. 外食する　　　　　　　gaishokusuru

12. 出かける　　　　　　　dekakeru

13. ハイキングに行く　　　haikingu ni iku

14. 試合を見る　　　　　　shiai wo miru

15. コンサート　　　　　　konsaato

16. ゲームをしたり、買い物に行ったりする

　　　　　　　　　　　　geemu wo shitari kaimono ni ittari suru

17. コスプレ   kusupure

18. 楽_{たの}しみ   tanoshimi

19. 夏休_{なつやす}み   matsuyasumi

20. 冬休_{ふゆやす}み   fuyuyasumi

21. 春休_{はるやす}み   haruyasumi

22. 浴衣_{ゆかた}を着_きる   yukata wo kiru

23. アルバイトをする   arubaito wo suru

24. 印象深_{いんしょうぶか}い   inshoobukai

やってみよう 🔊07

①假期大不同

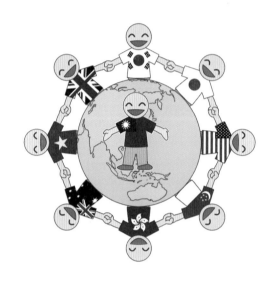

例1

台湾の夏休みは＿＿＿＿のより長いです。冬休みも＿＿＿＿のより長いです。しかし、台湾は春休みがありません。ですから、だいたい同じです。私たちは＿＿＿＿に、＿＿＿＿へ行きたいです。

例2

台湾の夏休みは＿＿月＿＿日から＿＿月＿＿日まで、＿＿＿＿日間です。しかし、＿＿＿＿の夏休みは＿＿月＿＿日から＿＿月＿＿日までで、とても短いです。でも、冬休みは長いです。＿＿＿＿日間もあります。なぜなら、ここはとても寒いからです。私たちは＿＿＿＿に、＿＿＿＿へ行きたいです。

②我的假日

例

Q：休(やす)みの日(ひ)によく何(なに)をしますか？

A：よく＿＿＿＿＿＿をします。

A：＿＿＿＿＿＿たり、＿＿＿＿＿＿たりします。

③難忘的寒暑假

例 1

・_____でアルバイトをしました。初^{はじ}めてだったので大変^{たいへん}でした。

・冬休^{ふゆやす}みに_____へ行^いきました。家族^{かぞく}と一緒^{いっしょ}に行^いきました。

・お菓子^{かし}を作^{つく}りました。ちょっと失敗^{しっぱい}したけど、楽^{たの}しかったです。

例 2

・印象深い休みのことを教えてください。

・いつですか。

・どこへ行きましたか。

・誰と行きましたか。

・何をしましたか。

・どうでしたか。

読んでみよう 08

忘れられない夏休み

夏休みに日本へ行きました。初めて日本のお祭りを見ました。これはお祭りで食べたかき氷と焼きそばです。おいしかったです。お祭りでは盆踊りにも参加しました。最初は緊張しましたが、みんなと一緒に踊ることができて楽しかったです。

花火大会にも行きました。人がたくさんいました。花火は本当にきれいでした。その日は浴衣を着ました。ちょっと暑くて、苦しかったけれど、また着たいです。

ポートフォリオにいれよう

①假期大不同

「假期比一比」學習單

	なつやす 夏休み	ふゆやす 冬休み	はるやす 春休み	ごうけい 合計
たいわん 台湾	がつ にち 月 日〜 がつ にち 月 日 にちかん (日間)	がつ にち 月 日〜 がつ にち 月 日 にちかん (日間)	がつ にち 月 日〜 がつ にち 月 日 にちかん (日間)	にちかん 日間
	がつ にち 月 日〜 がつ にち 月 日 にちかん (日間)	がつ にち 月 日〜 がつ にち 月 日 にちかん (日間)	がつ にち 月 日〜 がつ にち 月 日 にちかん (日間)	にちかん 日間
ひかく 比較				
かんそう 感想				

③難忘的寒暑假

「難忘的寒暑假」訪談單

名前	いつ	どこで	だれと	何を	どうだった
例 山本さん	７月７日	日本の京都	家族	お菓子を作った	まずかった
さん					
さん					
さん					

24

ポートフォリオにいれよう

自我評量：

① 我能說明自己假日常做的事，並詢問對方。
· ·
☆ ☆ ☆ ☆ ☆

② 我能描述自己難忘的寒暑假經驗。
· ·
☆ ☆ ☆ ☆ ☆

③ 我能詢問日本朋友假日做了什麼。
· ·
☆ ☆ ☆ ☆ ☆

Unit
3

私の住んでいる所

わたし　す　　　　　　　　　ところ

 學習目標

1. 能描述自己家的格局並詢問對方。
2. 能描述居家環境（附近有什麼建築物、公園、車站、市場……等等）並詢問對方。
3. 能說明自己居住環境的感想，方便與不方便之處，或理想的居住環境。
4. 能介紹自己居住的城鎮特色，並詢問對方城鎮的特色。

- 聞いてみよう
  き

- 語句と表現
  ご く　ひょうげん

- やってみよう
  ①學校周邊導覽
  ②猜猜是誰家
  ③小鎮簡介

- 読んでみよう
  よ

- ポートフォリオにいれよう

聞いてみよう

き

聽聽看

1.

2.

3.

4.

語句と表現 🔊 10

1. 庭 niwa

2. 駅 eki

3. マンション manshon

4. 住む sumu

5. 出口 deguchi

6. 人形劇 ningyoogeki

7. オペラ opera

8. 一戸建て ikkodate

9. 二階建て nikaidate

10. 本棚 hondana

11. 整理する seerisuru

12. 犬を飼う inu wo kau

13. 右に曲がって migi ni magatte

14. ～について紹介する ni tsuite shookaisuru

15. 場所 basho

16. 台湾で一番～ taiwan de ichiban

17. 散<ruby>ら</ruby>かっている　　　chirakatteiru

18. ポスター　　　posutaa

19. 広い部屋がほしい　　　hiroi heya ga hoshii

20. 田舎　　　inaka

21. 運動する　　　undoosuru

22. 新幹線に乗る　　　shinkansen ni noru

23. バス停　　　basutee

24. スーパー　　　suupaa

25. コンビニ　　　konbini

26. 不便だ　　　fubenda

27. 犬の散歩　　　inu no sanpo

28. 車で送ってくれる　　　kuruma de okuttekureru

29. 自然が豊かなところ　　　shizen ga yutakana tokoro

やってみよう 11

①學校周邊導覽

例

皆_{みな}さん、こんにちは。＿＿＿＿＿＿＿です。

今_{いま}から、有名_{ゆうめい}な＿＿＿＿＿＿＿について紹介_{しょうかい}します。

これは＿＿＿＿＿＿＿です。

これは＿＿＿＿＿＿＿といって、＿＿＿＿＿＿＿をする場所_{ばしょ}です。

昔_{むかし}、＿＿＿＿＿＿＿が建_たてました。

ここは＿＿＿＿＿＿＿です。台湾_{たいわん}で一番大_{いちばんおお}きい＿＿＿＿＿＿＿です。

今_{いま}でも、毎年_{まいとし}、＿＿＿＿＿＿＿の時_{とき}、人_{ひと}がたくさん集_{あつ}まって、とてもにぎやかです。

ぜひ一度、行ってみてください。

以上です。ありがとうございました。

②猜猜是誰家

例 1

先生：誰の部屋でしょうか。

生徒：＿＿＿＿＿のだと思います。

先生：どうしてそう思いますか。

生徒：＿＿＿＿＿＿＿＿＿＿＿＿＿からです。

例 2

私の部屋です。この写真は先週撮りました。いつもは散らかっていますが、先週きれいに掃除しました。

姉と一緒に使っているのでちょっと狭いです。私はもっと広い部屋がほしいです。

③小鎮簡介

読^よんでみよう 🔊12

私^{わたし}の町^{まち}

　私^{わたし}は台中^{たいちゅう}の田舎^{いなか}に住^すんでいます。家^{いえ}は二階建^{にかいだ}てで、庭^{にわ}があります。近^{ちか}くにコンビニや伝統的^{でんとうてき}な市場^{いちば}があります。買^かい物^{もの}に便利^{べんり}です。

　家^{いえ}の近^{ちか}くに大^{おお}きな公園^{こうえん}があります。朝^{あさ}と夜^{よる}は犬^{いぬ}の散歩^{さんぽ}をしている人^{ひと}がたくさんいます。運動^{うんどう}している人^{ひと}もいます。

　しかし、駅^{えき}までは遠^{とお}いです。新幹線^{しんかんせん}に乗^のるとき、いつも家族^{かぞく}が車^{くるま}で送^{おく}ってくれます。ちょっと不便^{ふべん}ですが、とても自然^{しぜん}が豊^{ゆた}かなところなので、この町^{まち}が大好^{だいす}きです。

ポートフォリオにいれよう

①學校周邊導覽

「學校周邊導覽發表」Rubric 表

	日語流暢	內容豐富	設計完美	好玩有趣	得分
第1組	☆☆☆☆☆	☆☆☆☆☆	☆☆☆☆☆	☆☆☆☆☆	
第2組	☆☆☆☆☆	☆☆☆☆☆	☆☆☆☆☆	☆☆☆☆☆	
第3組	☆☆☆☆☆	☆☆☆☆☆	☆☆☆☆☆	☆☆☆☆☆	
第4組	☆☆☆☆☆	☆☆☆☆☆	☆☆☆☆☆	☆☆☆☆☆	

「私の町」（或いは「私の部屋」）について、
３００字ほどの作文を書いてください。

....

....

....

....

....

....

....

ポートフォリオにいれよう

自我評量：

❶ 我能描述自己家的格局並詢問對方。

☆ ☆ ☆ ☆ ☆

❷ 我能描述居家環境（附近有什麼建築物、公園、車站、市場⋯⋯等等）並詢問對方。

☆ ☆ ☆ ☆ ☆

❸ 我能說明自己居住環境的感想，方便與不方便之處，或理想的居住環境。

☆ ☆ ☆ ☆ ☆

❹ 我能介紹自己居住的城鎮特色，並詢問對方城鎮的特色。

☆ ☆ ☆ ☆ ☆

Unit **4**

<ruby>日本人<rt>に ほんじん</rt></ruby><ruby>留学生<rt>りゅうがくせい</rt></ruby>がやってくる

學習目標

1. 能邀請附近大學的日本留學生到學校作客。
2. 能在小組內簡單自我介紹、敘述未來理想，並詢問對方來台求學目的，與對方互動。
3. 能關心日本留學生在台灣生活的問題。
4. 能聽懂日本留學生對台灣高中生詢問的事項。
5. 能說出或寫出與日本留學生交流對談後的感想。

- <ruby>聞<rt>き</rt></ruby>いてみよう

- <ruby>語句<rt>ご く</rt></ruby>と<ruby>表現<rt>ひょうげん</rt></ruby>

- やってみよう

  ①製作邀請卡
  ②問問留學生
  ③問問日本人
  ④問問台灣人

- <ruby>読<rt>よ</rt></ruby>んでみよう

- ポートフォリオにいれよう

聞いてみよう

聽聽看

1.

2.

3.

4.

1. 〜出身　　　　　　　　shusshin

2. マンゴー　　　　　　　mangoo

3. パパイヤ　　　　　　　papaiya

4. 水餃子　　　　　　　　suigyooza

5. 大丈夫　　　　　　　　daijoobu

6. 流行っている　　　　　hayatteiru

7. 動画を投稿する　　　　dooga wo tookoosuru

8. ゴキブリ　　　　　　　gokiburi

9. 怖い　　　　　　　　　kowai

10. 困ったこと　　　　　　komatta koto

11. YouTuber　　　　　　　yuuchuubaa

12. クリスマス　　　　　　kurisumasu

13. パーティー　　　　　　paatii

14. 招待　　　　　　　　　shootai

15. 左側　　　　　　　　　hidarigawa

16. プレゼント交換　　　　purezentokookan

17.	用意	yooi
18.	スカートを履く	sukaato wo haku
19.	給食	kyuushoku
20.	メイクをする	meeku wo suru
21.	ピアスをする	piasu wo suru
22.	髪を染める	kami wo someru
23.	オートバイ	ootobai
24.	運転	unten
25.	親	oya
26.	送り迎え	okurimukae
27.	シャーペン	shaapen
28.	ボールペン	boorupen
29.	ハンカチ	hankachi
30.	お弁当を温める	obentoo wo atatameru
31.	不思議だ	fushigida
32.	おすすめ	osusume

①製作邀請卡

例 1

日台交流会へのご招待

佐藤さんへ

　始めまして。私たちはＡ高校の２年生です。授業で日本語を勉強しています。日本の留学生の方とおしゃべりがしたいので、交流会を開こうと思っています。ぜひ来てください。楽しくおしゃべりしましょう。

日時:2019年12月1日 15時〜17時
教室:Ａ高校パソコン教室
集合場所:Ａ高校校門
集合時間:14時50分
テーマ:台湾と日本を比べよう

Ａ高校２年３組一同

例 2

クリスマスパーティーへのご招待

山田さんへ

お元気ですか？
この前の交流会ではありがとうございました。
　来月、クラスのみんなでクリスマスパーティーをします。
山田さんもぜひ来てください。楽しみにしています。
日時：12 月 25 日 13 時
場所：ABC レストラン
（MRT 士林駅 2 番出口を出て、左側にあります。）

持ち物：クリスマスプレゼント

プレゼント交換をします。
150 元くらいのプレゼントの用意をお願いします。
連絡先：123@email.com

B 高校 1 年 2 組一同

②問問留學生

例

「食べ物について」、「アニメについて」、「学校について」、「趣味について」。

・好きなラーメン屋さんはありますか。

・おすすめのアニメはありますか。

・どんなクラブに入っていますか。

・好きな日本の You Tu ber はいますか。

③問問日本人

例

・日本人の中学生や高校生は冬でも短いスカートを履くんですか。

・毎日クラブ活動がありますか。

・日本の給食はおいしいですか。

・朝ご飯は何を食べますか。

・夜市がありますか。

・放課後、みんな塾へ行きますか。

④問問台灣人

・どうして冬でもサンダルを履くんですか。

　答え：

・どうしてオートバイが多いんですか。

　答え：

・バスの運転は怖くないですか。

　答え：

・学校に来るとき、どうしてそんなに荷物が多いんですか。

　答え：

・どうして親が学校まで送り迎えをするんですか。

　答え：

・どうしてテストのとき、シャーペンではなくボールペンで書くんです
か。

答え：

・台湾の高校では、髪を染めたり、ピアスをしたり、メイクをしたりして
もいいんですか。

答え：

・どうしてハンカチを持っていないんですか。

答え：

・どうしてみんな昼寝をするんですか。

答え：

・どうしてみんなよく勉強するんですか。

答え：

・どうしてお弁当を温めるんですか。

答え：

日本人留学生のカルチャーショック

　台湾と日本の間には、共通点がたくさんあります。例えば、同じアジアの島国で、地震や台風が多いところです。また、どちらも漢字を使っています。それに、食べ物や飲み物なども似ています。

　しかし、日本人留学生にとって、不思議なこともたくさんあるそうです。例えば、台湾はどこもオートバイが多いことです。そして、バスの運転も荒くて、怖いと言っていました。また、台湾の中高生が学校に持って来るかばんがとても重そうなのを見て、驚くそうです。それから、昼食のお弁当は必ず温めてから食べることや、冬でもサンダルを履いたりすることなどは、日本人にとってカルチャーショックのようです。

　皆さんも外国に行って、何かカルチャーショックを感じたことがありますか。

ポートフォリオにいれよう

②問問留學生

採訪者：＿＿＿＿＿＿＿＿＿＿＿　　回答者：＿＿＿＿＿＿＿＿＿＿＿

「問問留學生」採訪表

	質問 (しつもん)	回答予想 (かいとうよそう)	実際の回答 (じっさいのかいとう)	発見 (はっけん)
例	好きなラーメン屋さんはありますか。	あります。	ラーメンは苦手	・ラーメンが苦手な日本人もいる。
1				
2				
3				
4				

47

ポートフォリオにいれよう

自我評量：

❶ 我能邀請附近大學的日本留學生到學校作客。

❷ 我能在小組內簡單自我介紹、敘述未來理想，並詢問對方來台求學目的，與對方互動。

❸ 我能關心日本留學生在台灣生活的問題。

❹ 我能聽懂日本留學生對台灣高中生詢問的事項。

❺ 我能說出或寫出與日本留學生交流對談後的感想。

 Note

Unit 5
日本人にインタビュー
に ほんじん

學習目標

1. 交流活動時能詢問日本人來自何處及該處的名產特色。
2. 能詢問日本人來台多久及住在何處。
3. 能詢問對台灣的印象。
4. 能詢問喜歡吃台灣的什麼飲食，不喜歡什麼飲食。
5. 在詢問過程聽不懂時，能使用會話策略，確認內容。

- 聞いてみよう
  き
- 語句と表現
  ご く ひょうげん
- やってみよう
  ①最想去的城鎮
  ②旅行真好玩
- 読んでみよう
  よ
- ポートフォリオにいれよう

聞<ruby>き</ruby>いてみよう

🔊 17

聽聽看

1.

2.

3.

4.

語句と表現 🔊 18

1.	ホテルに泊まる	hoteru ni tomaru
2.	一昨日	ototoi
3.	名物料理	meebutsuryoori
4.	味噌カツ	misokatsu
5.	豚カツ	tonkatsu
6.	タレ	tare
7.	調べる	shiraberu
8.	何泊	nanpaku
9.	旅行先	ryokoosaki
10.	印象	inshoo
11.	泳ぐ	oyogu
12.	修学旅行	shuugakuryokoo
13.	海外	kaigai
14.	お月見をする	otsukimi wo suru
15.	コミュニケーション	komyunikeeshon
16.	お土産	omiyage
17.	悔しい	kuyashii
18.	見物をする	kenbutsu wo suru

やってみよう　🔊⑲

①最想去的城鎮

例

・<ruby>林<rt>りん</rt></ruby>さんが<ruby>一番<rt>いちばん</rt></ruby><ruby>行<rt>い</rt></ruby>きたい<ruby>町<rt>まち</rt></ruby>はどこですか。

・そこは<ruby>何<rt>なに</rt></ruby>が<ruby>有名<rt>ゆうめい</rt></ruby>ですか。

・<ruby>名物料理<rt>めいぶつりょうり</rt></ruby>は<ruby>何<rt>なん</rt></ruby>ですか。

・おすすめのお<ruby>店<rt>みせ</rt></ruby>がありますか。

②旅行真好玩

㉄

・いつ行きましたか。

・どこへ行きましたか。

・誰と行きましたか。

・どこに泊まりましたか。

・何日間でしたか。

・何を見物しましたか。

・何を買いましたか。

・何を食べましたか。

・印象はどうでしたか。

読んでみよう 🔊⑳

日本人に聞きました

日本の毎日新聞(2018/1/27)によると、修学旅行で日本から台湾に来る高校生が増えているそうです。10年前と比べて11倍に増え、海外へ修学旅行に行く生徒数全体の四分の一を占めるほどです。台湾は海外修学旅行先のトップとなりました。

私は修学旅行で台湾に来た山中さんに「台湾はどうですか」と聞きました。山中さんは、台湾の高校生は優しく、交流会が楽しかったと言っていました。その他に、食べ物がおいしいと言っていました。特にマンゴーかき氷がおいしかったそうです。それから、夜市でもコンビニでもお土産が買えるので、とても便利だと喜んでいました。

「困ったことはありませんか」と聞くと、英語は苦手で、中国語もできないから、うまくコミュニケーションがとれないのがとても悔しいと言っていました。ですから、英語も中国語ももっと勉強したいと言っていました。

ポートフォリオにいれよう

①最想去的城鎮

「最想去的城鎮」學習單

		有名な所 （ゆうめい ところ） 〔観光地〕 （かんこうち）	名物料理 （めいぶつりょうり）	おすすめのお店 （みせ）
私が（わたし） 調べた町（しら まち）	日本（にほん）			
	台湾（たいわん）			
＿＿＿さんが 調べた町（しら まち）	日本（にほん）			
	台湾（たいわん）			

②旅行真好玩

「旅行真好玩」採訪表

質　問	さん	さん
いつ行きましたか。		
どこへ行きましたか。		
誰と行きましたか。		
どこに泊まりましたか。		
何日間でしたか。		
何を見物しましたか。		
何を買いましたか。		
何を食べましたか。		
印象はどうでしたか。		

ポートフォリオにいれよう

自我評量：

1 交流活動時我能詢問日本人來自何處及該處的名產特色。

2 我能詢問日本人來台多久及住在何處。

3 我能詢問對台灣的印象。

4 我能詢問喜歡吃台灣的什麼飲食，不喜歡什麼飲食。

5 在詢問過程聽不懂時，我能使用會話策略，確認內容。

Unit 6

スカイプ つか こうりゅう
Skypeを使って交流しよう

 學習目標

1. 能透過視訊向新朋友問候打招呼。

2. 能針對主題透過視訊向朋友說明，並積極聽取日方朋友的敘述。

3. 針對主題能整理比較台日相同與不同之處。

4. 視訊後能書寫感想，並傳送給日本朋友。

- き
  聞いてみよう

- ご く ひょうげん
  語句と表現

- やってみよう
  ①視訊課程比較
  ②台日假日比較
  ③交換信件

- よ
  読んでみよう

- ポートフォリオにいれよう

聞いてみよう

21

聽聽看

1.

2.

3.

4.

1. 旧正月　　　　　　　　　kyuushoogatsu

2. 変わらない　　　　　　　kawaranai

3. 全然違う　　　　　　　　zenzenchigau

4. けんかする　　　　　　　kenkasuru

5. 日帰り　　　　　　　　　higaeri

6. ゴールデンウィーク　　　goorudenwiiku

7. うらやましい　　　　　　urayamashii

8. 連休　　　　　　　　　　renkyuu

9. 流れ　　　　　　　　　　nagare

10. 映像　　　　　　　　　　eezoo

11. 季節　　　　　　　　　　kisetsu

12. ～によって違う　　　　　ni yottechigau

13. 元気に成長する　　　　　genki ni seechoosuru

14. 願う　　　　　　　　　　negau

15. 体育の日　　　　　　　　taiiku no hi

16. オリンピック　　　　　　orinpikku

17.	祝日	shukujitsu
18.	休日	kyuujitsu
19.	恥ずかしい	hazukashii
20.	除夜の鐘	joya no kane
21.	仏教	bukkyoo
22.	習慣	shuukan
23.	一年を通して	ichinen wo tooshite
24.	ランタンフェスティバル	rantanfesutibaru
25.	カウントダウン	kauntodaun
26.	厄よけ	yakuyoke
27.	豊作	hoosaku
28.	火の粉	hinoko
29.	爆音	bakuon
30.	干支	eto
31.	動物	doobutsu
32.	夜空	yozora

33. 爆竹 (ばくちく)　　　　bakuchiku

34. ロケット花火 (はなび)　　rokettohanabi

35. 大晦日 (おおみそか)　　oomisoka

36. びっくりする　　　　bikkurisuru

37. 迫力 (はくりょく)　　　hakuryoku

38. 国際的 (こくさいてき)　kokusaiteki

やってみよう  🔊 ㉓

①視訊課程比較

例

発表
はっぴょう

・皆さん、こんにちは。私たちは＿＿＿＿＿＿について紹介したいと
　みな　　　　　　　　　　　　　わたし　　　　　　　　　　　　　　　　しょうかい
　思います。
　おも

・まずは発表の流れです。
　　　　はっぴょう　なが

・これは＿＿＿＿＿＿の写真です。
　　　　　　　　　しゃしん

・これは＿＿＿＿＿＿の映像です。
　　　　　　　　　えいぞう

・皆＿＿＿＿＿＿をしています。
　みな

・以上です。ありがとうございました。
　いじょう

質問：

・その日、何を食べますか。

・何日間休みがありますか。

・どうして＿＿＿＿＿＿＿＿＿＿＿をしますか。

・＿＿＿＿＿＿＿＿＿＿＿によって違いますか。（年、地方、季節など）

・とてもおもしろかったです。ありがとうございました。

②台日假日比較

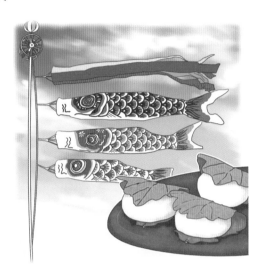

例

・5月5日はこどもの日：子供が元気に成長することを願います。

・10月14日は体育の日：1964年、10月10日に東京オリンピックが始まりました。日本で最初のオリンピックでした。毎年、10月の第二月曜日は体育の日です。

③交換信件

例 1：信函

小原さんへ

　この前の合同授業では、いろいろ教えてくれてありがとうござい
ました。

　日本のことをたくさん知ることができて、とても嬉しかったです。
台湾の 12 月 31 日の夜は、コンサートや花火があってとてもに
ぎやかですが、日本の大晦日は静かだと聞いて、びっくりしました。

　108 回の除夜の鐘の習慣もとてもおもしろいと思いました。私
の家は仏教ですが、108 回の意味を初めて知りました。寒いのに、
お坊さんたちは大変ですね。

　とても楽しかったので、また皆さんと交流したいです。これから
もよろしくお願いします。

　　　　　　　　　　　　　　　　　　　　　　　　葉佩軒より

例 2：影音

金子さん、こんにちは。台湾の李です。

この前の遠隔授業ではお会いできて嬉しかったです。私は日本語がうまく話せないから、ちょっと恥ずかしかったです。でも、とても楽しかったです。ぜひ、これからも交流したいです。台湾にも遊びに来てくださいね。さようなら。

読んでみよう 🔊24

台湾のお祭り

台湾では、一年を通して様々なお祭りが行われます。今回は、特に人気のあるランタンフェスティバルと台北101のカウントダウン花火ショーを紹介します。

まず、ランタンフェスティバルは「燈會」といって、毎年旧暦の1月15日の「元宵節」（小正月）に行われます。台湾各地でその年の干支の動物の形をしたランタンが見られます。それから、北部の「平溪天燈」もとても有名です。たくさんの人が平溪に来て、願いを書いたランタンを夜空に上げるイベントで、とても美しいです。

南部では「鹽水蜂炮（爆竹やロケット花火のお祭り）」、台東では「炮炸寒單爺（勇者に選ばれた一人の男性に向かって爆竹を投げる

イベント）」などが行われます。厄よけや豊作を祈るためのお祭りで、見に行く人たちは火の粉や爆音に気をつけながら、みんなその迫力を楽しんでいます。

　そして、毎年 12 月 31 日、つまり大晦日に行われる台北 101 のカウントダウン花火ショーは国際的に有名です。2019 年には約 1 万 6 千発の花火が上がりました。人々はきれいな花火を見ながら、新しい年を迎えるのです。

　台湾には色々なお祭りがあって、どれもとても楽しいですよ。ぜひ皆さんも参加してみてください。

ポートフォリオにいれよう

②台日假日比較

「台日假日比較」學習單

月 日	祝日・休日の名称	休みの日数
例 1月1日	・日本では元日と言います。 ・台湾では「新年」と言います。	・日本は2週間ぐらい ・台湾は3日だけ
2月		
3月		
4月		
5月		
6月		
7月		
8月		
9月		
10月		
11月		
12月		

ポートフォリオにいれよう

自我評量：

1 我能透過視訊向新朋友問候打招呼。
☆ ☆ ☆ ☆ ☆

2 我能針對主題透過視訊向朋友說明，並積極聽取日方朋友的敘述。
☆ ☆ ☆ ☆ ☆

3 我能針對主題整理比較台日相同與不同之處。
☆ ☆ ☆ ☆ ☆

4 視訊後我能書寫感想，並傳送給日本朋友。
☆ ☆ ☆ ☆ ☆

Unit 7

友達と付き合おう

ともだち　つ　あ

學習目標

1. 能以電話或信函邀請日本朋友參加某活動，並聽取對方方便的時間、地點等。
2. 受到邀請時，能適切地表達接受或拒絕。
3. 能向日本朋友說明台灣的家庭、學校的規矩。
4. 贈送禮物給朋友或接受朋友的禮物時，能用日語適切地表達感情。
5. 以 SNS 口頭或書寫互動時，能理解基本用語。
6. 能用日語對對方適切地表達讚美、安慰、鼓勵之意。

- 聞いてみよう
  き
- 語句と表現
  ご く　　ひょうげん
- やってみよう
  ①家規三部曲
  ②考考日本地名怎麼唸
  ③邀朋友出遊
- 読んでみよう
  よ
- ポートフォリオにいれよう

74

聞いてみよう

聽聽看

1.

2.

3.

4.

1. もうすぐ   moosugu

2. 降りる   oriru

3. 移動する   idoosuru

4. 走っている   hashitteiru

5. 揺れている   yureteiru

6. 立つ   tatsu

7. 歩く   aruku

8. 気をつけて   ki wo tsukete

9. 到着   toochaku

10. 〜と違う   to chigau

11. 携帯カバー   keetaikabaa

12. ポテトチップ   potetochippu

13. わさび味   wasabiaji

14. バスツアー   basutsuaa

15. 塾   juku

16. 急だ   kyuuda

17. 早く教えて　　　　　hayaku oshiete

18. ごみを捨てる　　　　gomi wo suteru

19. 食器を片付ける　　　shokki wo katazukeru

20. 昼寝をする　　　　　hirune wo suru

21. 9時までに帰る　　　kuji madeni kaeru

22. 門限　　　　　　　　mongen

23. 無断外出する　　　　mudangaishutsusuru

24. 話題になっている　　wadai ni natteiru

25. 詳しい　　　　　　　kuwashii

26. ポップコーン　　　　poppukoon

27. 約束　　　　　　　　yakusoku

28. 確認　　　　　　　　kakunin

29. 上映　　　　　　　　jooee

30. 待ち合わせ　　　　　machiawase

31. メッセージを送る　　messeeji wo okuru

32. 風邪気味　　　　　　kazegimi

33. 混んでいる   kondeiru

34. しょうがない   shooganai

35. お大事に   odaijini

36. ルールを守る   ruuru wo mamoru

37. 注意する   chuuisuru

38. ネット上   nettojoo

39. ダウンロード   daunroodo

40. ログイン   roguin

41. アカウント   akaunto

42. 著作権   chosakuken

43. 肖像権   shoozooken

44. 見直す   minaosu

やってみよう 🔊㉗

①家規三部曲

例 1

・毎日ごみを捨てなければならない。

・毎日部屋の掃除をしなければならない。

・食器を片付けなければならない。

・昼ごはんの後、昼寝をしなければならない。

・夜9時までに帰らなければならない。

・門限は9時です。

・アルバイトをしてはいけない。

・無断外出をしてはいけない。

🔵 2

- 「私の家はアルバイトをしてはいけません。門限は 8 時です。部屋を片付けなければなりません。とても厳しいですが、林さんの家はどうですか。」

- 「私の家は厳しくないです。アルバイトをしてもいいです。門限はありません。」

②考考日本地名怎麼唸

🔵

- 友達と浅草へお参りに行った。

- JR 山手線の御徒町駅で降りた。

- 道頓堀にグリコの看板があります。

③邀朋友出遊

例 1

・どこの劇場で何の映画が上映されているか。

・映画のあらすじは。

・上映時間は一日何回か、何時からの上映がいいか。

・映画館への交通手段、チケットの買い方。

例 2

台湾人：ゆりちゃん、今、信義区のワーナー劇場で『ブラボー！』って映画がやってるんだけど、興味ある？

日本人：『ブラボー！』？それ、どんな映画？

台湾人：日本の映画でね、高校生のブラスバンド部の話なんだけど……。

日本人：あ、知ってる。最近ネットで話題になってるよね。

台湾人：そうそう。とってもおもしろくて、人気があるみたい。

　　　　もしよかったら、今度の日曜日に一緒にどうかな？

日本人：いいね。今週の日曜日は、午前中はだめだけど、午後からは大丈夫だよ。

台湾人：よかった。チケットは、学生割引があるから、たぶん２５０元くらいだと思うよ。

日本人：わかった。映画を見る前に、飲み物やポップコーンを買いたいな。

台湾人：そうだね。じゃあ、詳しい場所や時間は、後でメッセージを送るね。

日本人：わかった。ありがとう。

例 3

さっきの映画の約束についてです。確認してくださいね。

4月17日（日）午後

信義ワーナー劇場（ＭＲＴ淡水信義線象山駅 1 番出口から歩いて 10 分）

上映時間は 14:00、16:30、19:00 があります。どれがいいですか。

映画館の前で待ち合わせしましょう。

例 4

日本人：ねぇねぇ、大晦日は何か予定ある？

　　　　１０１の花火、見に行かない？今年のは特に長いんだって。

台湾人：へー、よく知ってるね。

日本人：一度、生で見てみたいんだ。

台湾人：でもね……、あれは……。

日本人：ＭＲＴは ２４時間だから、帰りも大丈夫だよ。

台湾人：でも、すごく混んでて疲れるよ。

　　　　それに、私、最近風邪気味だからちょっと……。

日本人：そっか。じゃあ、しょうがないね。お大事に。

読(よ)んでみよう

28

SNS(エスエヌエス)を使(つか)う時(とき)のルール

Facebook(フェイスブック)やInstagram(インスタグラム)などのSNS(エスエヌエス)を使(つか)う人(ひと)が増(ふ)えました。皆(みな)さん、SNS(エスエヌエス)のルールを守(まも)っていますか。

例(たと)えば、誰(だれ)かの絵(え)や写真(しゃしん)をダウンロードして勝手(かって)に使(つか)ってはいけません。著作権(ちょさくけん)があるからです。著作権違反(ちょさくけんいはん)になると、罰金(ばっきん)を払(はら)わなければならない時(とき)があります。

また、写真(しゃしん)をSNS(エスエヌエス)に載(の)せるときは注意(ちゅうい)しましょう。肖像権(しょうぞうけん)があります。みんなで撮(と)った写真(しゃしん)をSNS(エスエヌエス)にアップロードするときは、肖像権違反(しょうぞうけんいはん)になりますから、先(さき)に「載(の)せてもいいですか?」と聞(き)かなければなりません。

　さらに、普段、学校や図書館のパソコンを使うことがありますね。それはみんなが使うパソコンですから、ＳＮＳを使ったあとはログアウトしなければなりません。なぜなら、ログインしたままだと、他の人にアカウントを使われてしまうからです。

　それから、皆さんはインターネット上で知り合った人と会ったことがありますか。ネット上では友達ですが、実際にはその人のことを知らないので、やはり気をつけなければなりません。

　そして、メッセージを送る前はもう一度見直してから送りましょう。友達を傷付けてはいけませんから、相手の気持ちをよく考えてください。

　ＳＮＳは便利で楽しいものですが、法律違反や犯罪事件などに巻き込まれないように安全のためのルールを守りましょう。

ポートフォリオにいれよう

①家規三部曲

「家規三部曲」學習單

	しなければならないこと（必須做的事）	してはいけないこと（不能做的事）	してもいいこと（可以做的事）
私の家	食器を片付けなければならない	9時までに帰らなければならない	アルバイトをしてもいい
さんの家			
さんの家			

ポートフォリオにいれよう

自我評量：

1 我能以電話或信函邀請日本朋友參加某活動，並聽取對方方便的時間、地點等。

☆ ☆ ☆ ☆ ☆

❷ 受到邀請時，我能適切地表達接受或拒絕。

☆ ☆ ☆ ☆ ☆

❸ 我能向日本朋友說明台灣的家庭、學校的規矩。

☆ ☆ ☆ ☆ ☆

4 贈送禮物給朋友或接受朋友的禮物時，我能用日語適切地表達感情。

☆ ☆ ☆ ☆ ☆

❺ 以 SNS 口頭或書寫互動時，我能理解基本用語。

☆ ☆ ☆ ☆ ☆

❻ 我能用日語對對方適切地表達讚美、安慰、鼓勵之意。

☆ ☆ ☆ ☆ ☆

Unit 8　取材 (しゅざい)

學習目標

1. 能說明自己居住的城鎮、有名的建築物。
2. 能說明自己居住的城鎮有無電影院、公園、遊樂場、圖書館、體育館等設施，以及人群聚集的地方。
3. 能整理比較台灣與日本的人口、面積、首都所在、產物。
4. 能介紹自己居住的城鎮一年中的節慶活動。

- 聞 (き) いてみよう
- 語句 (ご く) と表現 (ひょうげん)
- やってみよう
    - ①台日地理情報站
    - ②城市獵名
    - ③探訪舊日情
- 読 (よ) んでみよう
- ポートフォリオにいれよう

88

聞いてみよう

 29

聽聽看

1.

2.

3.

4.

語句と表現 ⏺30

1. 取材　　　　　　　　　shuzai

2. 眺め　　　　　　　　　nagame

3. 火山　　　　　　　　　kazan

4. 温泉　　　　　　　　　onsen

5. 心配する　　　　　　　shinpaisuru

6. 太極拳をする　　　　　taikyokuken wo suru

7. 風邪を引く　　　　　　kaze wo hiku

8. インタビューする　　　intabyuusuru

9. 新住民　　　　　　　　shinjuumin

10. 原住民　　　　　　　　genjuumin

11. インドネシア　　　　　indoneshia

12. ベトナム　　　　　　　betonamu

13. 鏡　　　　　　　　　　kagami

14. 壁　　　　　　　　　　kabe

15. オランダ　　　　　　　oranda

16. 人口　　　　　　　　　jinkoo

17. 面積 （めんせき） menseki

18. 首都 （しゅと） shuto

19. 湖 （みずうみ） mizuumi

20. 公用語 （こうようご） kooyoogo

21. 平均寿命 （へいきんじゅみょう） heekinjumyoo

22. お寺 （てら） otera

23. ワンタン wantan

24. なぜ～かというと naze ka toiuto

25. 統治する （とうち） toochisuru

26. 元 （もと） moto

27. 戻す （もど） modosu

28. 移す （うつ） utsusu

29. 都会 （とかい） tokai

30. タバコ tabako

31. お酒 （さけ） osake

32. カルチャースポット karuchaasupotto

33. ショップ　　　　　　　　shoppu

34. ライブハウス　　　　　　raibuhausu

35. だんだん　　　　　　　　dandan

36. 融合_{ゆうごう}する　　　　　　　yuugousuru

37. いたるところ　　　　　　itarutokoro

38. 昔_{むかし}のまま　　　　　　　mukashinomama

39. 引越_{ひっこ}し　　　　　　　　hikkoshi

やってみよう 🔊31

①台日地理情報站

②城市獵名

- 「有名な建物」、「有名な食べ物」、「有名なお祭り」、「人口」など。

- 「ここはどこでしょうか」

例

- 昔は原住民が多く住んでいました。

- 山や海があって、観光地として有名です。

・大学^{だいがく}があります。

・夜市^{よいち}もあります。

・交通^{こうつう}は便利^{べんり}ではありません。

・有名^{ゆうめい}な仏教^{ぶっきょう}のお寺^{てら}があります。

・そこの料理^{りょうり}は野菜^{やさい}が多^{おお}く、ワンタンもおいしいです。

→「ここはどこでしょうか」

答^{こた}え：

③探訪舊日情

例

・私^{わたし}たちは町^{まち}のおじいさんに、古^{ふる}い新北投駅^{しんぺいとうえき}について、インタビューしました。

・これは何年前にできた駅か分りますか。正解は 1 9 1 6 年です。100 年の歴史があります。

・なぜ建てられたかというと、北投は有名な温泉の町で、100 年前に台北の人がよくここに来たからです。しかし、来る人がだんだん少なくなり新北投線も使われなくなりました。

・それで、駅が解体され、彰化県に移されました。これはその時の引越しの写真です。

・そして、2 0 1 6 年にこの駅は元の場所に戻ってきました。

・古い建物を修復したので、昔のままではありませんが、町の人たちはみんな喜んでいます。

・今は文化施設として、歴史の説明が展示されています。

読んでみよう

昔と今

　台湾は1895年から1945年までの約50年間、日本に統治されていました。ですから都会だけではなく、田舎にもその時代の建物がたくさん残されています。台北でとても有名なのは、総統府、台湾博物館、中山堂などです。

　また、「松山文創園區」の建物は、昔タバコの工場でした。今では、さまざまな芸術作品や商品を紹介するカルチャースポットになっています。

　それから、美術展やイベントの会場として利用されている「華山文創園區」も昔はお酒の工場でした。もう使われなくなった廃墟

が今また新しく、カフェ、レストラン、ショップ、ライブハウスなどになりました。ダンスやギターの練習風景なども見られます。

　このように、昔の雰囲気と今の流行が融合した町の風景が、台湾にはいたるところにあります。

ポートフォリオにいれよう

①台日地理情報站

「台日地理情報站」學習單

項目 こうもく	台灣 たいわん	日本 にほん	新発見 しんはっけん
例 人口 じんこう	23,589,000 人	126,592,000 人	哇！日本是我們的 5.37 倍
1. 面積 めんせき			
2. 首都 しゅと			
3. 一番高い山 いちばんたか やま			
4. 一番長い川 いちばんなが かわ			
5. 一番大きい湖 いちばんおお みずうみ			
6. 公用語 こうよう ご			
7. 平均寿命 へいきんじゅみょう			
8. 出生率 しゅっせいりつ			
9.			
10.			
11.			

③探訪舊日情

「探訪舊日情」互評表

	採訪用心	日語流暢	影視精彩	長知識了	得分
第一組					
第二組					
第三組					
第四組					
第五組					
第六組					
第七組					

ポートフォリオにいれよう

自我評量：

❶ 我能說明自己居住的城鎮、有名的建築物。

☆ ☆ ☆ ☆ ☆

❷ 我能說明自己居住的城鎮有無電影院、公園、遊樂場、
圖書館、體育館等設施，以及人群聚集的地方。

☆ ☆ ☆ ☆ ☆

❸ 我能整理比較台灣與日本的人口、面積、首都所在、產物。

☆ ☆ ☆ ☆ ☆

❹ 我能介紹自己居住的城鎮一年中的節慶活動。

☆ ☆ ☆ ☆ ☆

 # Note

國家圖書館出版品預行編目資料

こんにちは 你好 ③ 課本＋練習冊 / 陳淑娟著
-- 初版 -- 臺北市：瑞蘭國際, 2019.08
160面；19×26公分 -- （日語學習系列；42）
ISBN：978-957-9138-19-2 (第3冊：平裝)

1.日語 2.教材 3.中小學教育

523.318   108010530

日語學習系列 42

こんにちは 你好 ③ 課本＋練習冊

作者｜陳淑娟
編撰小組｜廖育卿、彥坂はるの、芝田沙代子、田中綾子、山本麻未、
　　　　　今中麻祐子、鍾婷任
責任編輯｜葉仲芸、楊嘉怡、王愿琦
校對｜陳淑娟、廖育卿、彥坂はるの、葉仲芸、王愿琦

日語錄音｜後藤晃、彥坂はるの、芝田沙代子
錄音室｜采漾錄音製作有限公司
封面設計｜陳盈、余佳憓、陳如琪
版型設計、內文排版｜陳如琪
美術插畫｜吳晨華

瑞蘭國際出版

董事長｜張暖彗・社長兼總編輯｜王愿琦
編輯部
副總編輯｜葉仲芸・副主編｜潘治婷・文字編輯｜林珊玉、鄧元婷
特約文字編輯｜楊嘉怡
設計部主任｜余佳憓・美術編輯｜陳如琪
業務部
副理｜楊米琪・組長｜林湲洵・專員｜張毓庭

出版社｜瑞蘭國際有限公司・地址｜台北市大安區安和路一段104號7樓之1
電話｜(02)2700-4625・傳真｜(02)2700-4622・訂購專線｜(02)2700-4625
劃撥帳號｜19914152 瑞蘭國際有限公司・瑞蘭國際網路書城｜www.genki-japan.com.tw

法律顧問｜海灣國際法律事務所　呂錦峯律師

總經銷｜聯合發行股份有限公司・電話｜(02)2917-8022、2917-8042
傳真｜(02)2915-6275、2915-7212・印刷｜科億印刷股份有限公司
出版日期｜2019年08月初版1刷・定價｜380元・ISBN｜978-957-9138-19-2

PRINTED WITH SOY INK™　本書採用環保大豆油墨印製

瑞蘭國際

瑞蘭國際

 瑞蘭國際

提升國際交流能力的日語教科書

こんにちは
你好 ❸ 練習冊

國中小學
高中職　　適用的第二外語教材
社區大學

東吳大學日文系

陳淑娟教授　著

給同學們的話

親愛的同學們：

　　歡迎來到新學期的日語教室！學完了第 2 冊，已進入第 3 冊了，日文是不是越來越進步了？不只會說日語，也能寫日文，並能用日語接待來訪的日本朋友，與他們聊天互動，這種感覺是不是小有成就感呢？同時，能用日語上網，查尋新的資訊，與台灣比較比較，是不是更增長知識了呢？是的！這就是我們一向共同的目標！使用這本新書，繼續好好地跟著老師學習，並在教室中與同學們一起用日語進行各式各樣的活動，那麼再經過一個學期之後，日語文能力就可以再往上升一級了！

　　第 3 冊的程度又更進階一點喔！不過跟以前一樣，上課前首先還是請同學們仔細看每一課的「學習目標」與「自我評量」。看看「學習目標」，心理先準備在這一課到底要學什麼。而上完了一課，大家要做做「自我評量」喔，也就是為自己打個分數，累積越多 5 顆星（滿分），那麼你就能越快達成目標了！萬一，有些項目未達 5 顆星，沒關係，可以自己再多做練習，多聽 MP3，直到精熟，自評滿分為止。

　　在這一冊裡，我們將進一步學習與來訪的日本姊妹校朋友有更深入的對話與互動，包括日本朋友入班學習時，對他們說明台灣的習慣、問問對台灣的印象、邀請留學生來訪、訪問日本人、用 Skype 進行視訊交談、交換信件等等，期待同學們透過這學期的學習，都能更自由自在地使用日文。但是，同學們要克服害羞的心理，熱誠勇敢地達成任務。

　　跟第 1 冊、第 2 冊一樣，同學們在課堂中一定要跟著老師做各種小組的討論、發表等活動，才能自然地使用。此外，第 3 冊新增加了閱讀，也新增句子書寫表達練習，雖然文章越來越長了，但訣竅是每天多聽 MP3 跟著唸，不管口說或書寫就能跟日本人溝通無礙了。還是提醒同學們，多聽日語，多讀日文，隨時使用日文，再過半年，你就是一個更高竿的日語高手，同學們！加油囉！

陳淑娟 敬言

2019.07.06.

目次

Unit 1　なぜ私は日本語を学ぶのか

わたし　にほんご　まな

練習しよう

れんしゅう

一、請看對話的例子，寫寫看。（漢字上方請注平假名）

例1

A：どうして日本語を勉強していますか。
にほんご　べんきょう

B：<u>ゲームをしたいからです</u>。（ゲームをする）

例2

A：どうして日本語を勉強していますか。
にほんご　べんきょう

B：<u>アニメを見たいからです</u>。（アニメを見る）
み　　　　　　　　　　　　み

例3

A：どうして日本語を勉強していますか。
にほんご　べんきょう

B：<u>日本へ行きたいからです</u>。（日本へ行く）
にほん　い　　　　　　　　　　　にほん　い

1. A：どうして日本語を勉強していますか。
にほんご　べんきょう

　　B：＿＿＿＿＿＿＿＿＿＿＿からです。

　　（ネットショッピングをする）

2. A：どうして日本語を勉強していますか。

B：＿＿＿＿＿＿＿＿＿＿＿＿＿からです。
（日本へ留学する）

3. A：どうして日本語を勉強していますか。

B：＿＿＿＿＿＿＿＿＿＿＿＿＿からです。
（日本の友達とおしゃべりをする）

4. A：どうして日本語を勉強していますか。

B：＿＿＿＿＿＿＿＿＿＿＿＿＿からです。
（マンガを読む）

二、請看例子，寫寫看。（漢字上方請注平假名）

例 1

これは私の好きなゲームです。（ゲーム）

1. これは私の好きな＿＿＿＿＿＿＿＿＿＿です。
（キャラクターのグッズ）

2. これは私の好きな＿＿＿＿＿＿＿＿＿＿です。（マンガ）

3. これは私の好きな＿＿＿＿＿＿＿＿＿＿です。（お菓子）

例2

これは<ruby>東京<rt>とうきょう</rt></ruby>で<ruby>撮<rt>と</rt></ruby>った<ruby>写真<rt>しゃしん</rt></ruby>です。（<ruby>東京<rt>とうきょう</rt></ruby>で<ruby>写真<rt>しゃしん</rt></ruby>を<ruby>撮<rt>と</rt></ruby>る）

4. これは＿＿＿＿＿＿＿＿＿＿＿です。
（<ruby>日本<rt>にほん</rt></ruby>でお<ruby>土産<rt>みやげ</rt></ruby>を<ruby>買<rt>か</rt></ruby>う）

5. これは＿＿＿＿＿＿＿＿＿＿＿です。
（<ruby>台南<rt>たいなん</rt></ruby>でお<ruby>菓子<rt>かし</rt></ruby>を<ruby>買<rt>か</rt></ruby>う）

三、請用日文回答看看。（漢字上方請注平假名）

1. Q：あなたはどうして<ruby>日本語<rt>にほんご</rt></ruby>を<ruby>勉強<rt>べんきょう</rt></ruby>していますか。

　　A：① ＿＿＿＿＿＿＿＿＿＿＿＿＿＿＿＿＿＿＿＿＿

　　　　② ＿＿＿＿＿＿＿＿＿＿＿＿＿＿＿＿＿＿＿＿＿

2. Q：「<ruby>読<rt>よ</rt></ruby>んでみよう」の<ruby>筆者<rt>ひっしゃ</rt></ruby>はどうして<ruby>日本語<rt>にほんご</rt></ruby>を<ruby>勉強<rt>べんきょう</rt></ruby>していますか。

　　A：① ＿＿＿＿＿＿＿＿＿＿＿＿＿＿＿＿＿＿＿＿＿

　　　　② ＿＿＿＿＿＿＿＿＿＿＿＿＿＿＿＿＿＿＿＿＿

　　　　③ ＿＿＿＿＿＿＿＿＿＿＿＿＿＿＿＿＿＿＿＿＿

Unit 2 　私_{わたし}の休日_{きゅうじつ}

練習_{れんしゅう}しよう

一、請看對話的例子，寫寫看。（漢字上方請注平假名）

例 1

A：休_{やす}みの日_ひに、よく何_{なに}をしますか。

B：ゲームをしたり、家族_{かぞく}と買_かい物_{もの}に行_いったりしています。
　（ゲームをする、家族_{かぞく}と買_かい物_{もの}に行_いく）

例 2

A：夜_{よる}も勉強_{べんきょう}しているの？

B：ううん、テレビを見_みたり、マンガを読_よんだりしているよ。
　（テレビを見_みる、マンガを読_よむ）

1. A：週末_{しゅうまつ}も勉強_{べんきょう}しているの？

　 B：ううん、＿＿＿＿＿＿＿＿＿＿＿＿しているよ。
　　（家事_{かじ}をする、ペットの散歩_{さんぽ}をする）

2. A：休_{やす}みの日_ひも勉強_{べんきょう}しているの？

　 B：ううん、＿＿＿＿＿＿＿＿＿＿＿＿しているよ。
　　（サークルの練習_{れんしゅう}をする、ハイキングに行_いく）

二、請看例子，寫寫看。（漢字上方請注平假名）

例

台湾(たいわん)の夏休(なつやす)みは長(なが)い。日本(にほん)の夏休(なつやす)みは短(みじか)い。

→台湾(たいわん)の夏休(なつやす)みは日本(にほん)のより長(なが)いです。

1. 日本(にほん)の冬休(ふゆやす)みは長(なが)い。台湾(たいわん)の冬休(ふゆやす)みは短(みじか)い。

　　→日本(にほん)の冬休(ふゆやす)みは＿＿＿＿＿＿＿＿より長(なが)いです。

2. 日本(にほん)の冬(ふゆ)は寒(さむ)い。台湾(たいわん)の冬(ふゆ)は寒(さむ)くない。

　　→日本(にほん)の冬(ふゆ)は＿＿＿＿＿＿＿＿より寒(さむ)いです。

3. 台湾(たいわん)のかき氷(ごおり)はおいしい。日本(にほん)のかき氷(ごおり)はおいしくない。

　　→台湾(たいわん)のかき氷(ごおり)は＿＿＿＿＿＿＿＿よりおいしいです。

三、請用日文回答看看。（漢字上方請注平假名）

1.

① Q：夏休(なつやす)みについて質問(しつもん)に答(こた)えよう。去年(きょねん)の夏休(なつやす)みにどこへ行(い)きましたか。

　　（註：去年沒去哪裡的話，可改成「今年(ことし)」或「2年前(にねんまえ)」）

　　A：＿＿＿＿＿＿＿＿＿＿＿＿＿＿＿＿＿＿＿

② Q：誰(だれ)と行(い)きましたか。

　　A：＿＿＿＿＿＿＿＿＿＿＿＿＿＿＿＿＿＿＿

③ Q：何^{なに}をしましたか。

A：＿＿＿＿＿＿＿＿＿＿＿＿＿＿＿＿＿＿＿＿＿＿

④ Q：どうでしたか。

A：＿＿＿＿＿＿＿＿＿＿＿＿＿＿＿＿＿＿＿＿＿＿

2.「読^よんでみよう」の内容^{ないよう}について質問^{しつもん}に答^{こた}えよう。

① Q：そこで何^{なに}を初^{はじ}めて見^みましたか。

A：＿＿＿＿＿＿＿＿＿＿＿＿＿＿＿＿＿＿＿＿＿＿

② Q：何^{なに}を食^たべましたか。

A：＿＿＿＿＿＿＿＿＿＿＿＿＿＿＿＿＿＿＿＿＿＿

③ Q：何^{なに}に参加^{さんか}しましたか。

A：＿＿＿＿＿＿＿＿＿＿＿＿＿＿＿＿＿＿＿＿＿＿

④ Q：どうでしたか。

A：＿＿＿＿＿＿＿＿＿＿＿＿＿＿＿＿＿＿＿＿＿＿

私の住んでいる所
（わたしのすんでいるところ）

練習しよう
（れんしゅう）

一、請看對話的例子，寫寫看。（漢字上方請注平假名）

例

A：お祭りにはどんなものあるんですか。
（まつ）

B：「布袋戲」という人形劇や、「歌仔戲」という台湾のオペ
（にんぎょうげき）　　　　　　　　　　　　（たいわん）
ラがあります。（布袋戲 / 人形劇・歌仔戲 / 台湾のオペラ）
（にんぎょうげき）　　　　　　（たいわん）

1. A：夜市にはどんなものがありますか。
（よいち）

　　B：＿＿＿＿＿＿＿＿＿＿＿＿や、＿＿＿＿＿＿＿＿＿＿＿＿

　　　　があります。（豆花 / デザート・炸雞排 / フライドチキン）

2. A：学校の近くには、どんな店がありますか。
（がっこう）（ちか）　　　　（みせ）

　　B：＿＿＿＿＿＿＿＿＿＿＿＿や、＿＿＿＿＿＿＿＿＿＿＿＿

　　　　があります。

　　　　（小林拉麵 / ラーメンの店・陳家粽子 / 粽の店）
（みせ）　　　　　　（ちまき）（みせ）

二、請看例子，寫寫看。（漢字上方請注平假名）

例1

マンションではありません。一戸建（いっこだ）てです。

→マンションではなく、一戸建（いっこだ）てです。

1. 高（たか）いビルではありません。二階建（にかいだ）てです。

　　→＿＿＿＿＿＿＿＿＿＿＿＿＿＿＿＿＿＿です。

2. 公園（こうえん）ではありません。庭（にわ）です。

　　→＿＿＿＿＿＿＿＿＿＿＿＿＿＿＿＿＿＿です。

例2

私（わたし）は広（ひろ）い部屋（へや）がいいです。

→私（わたし）はもっと広（ひろ）い部屋（へや）がほしいです。

3. 私（わたし）は大（おお）きい本棚（ほんだな）がいいです。

　　→私（わたし）は＿＿＿＿＿＿＿＿＿＿＿＿＿＿です。

4. 私（わたし）はきれいな庭（にわ）がいいです。

　　→私（わたし）は＿＿＿＿＿＿＿＿＿＿＿＿＿＿です。

例 3

これは華僑市場といって、昔ながらの市場です。

（華僑市場 / 昔ながらの市場）

5. これは_____といって、_____です。

（城隍廟 / 有名なお寺）

6. ここは_____といって、_____です。

（台東公園 / 有名な古跡）

三、請用日文回答看看。（漢字上方請注平假名）

1. Q：あなたの家はどんな家ですか。（或「部屋」）

A：_____

2. 読んでみよう「私の町」について質問に答えよう。

① Q：筆者はどこに住んでいますか。

A：_____

② Q：どんな家ですか。

A：_____

③ Q：近くに何がありますか。

A：_____

④ Q：公園にどんな人がいますか。

A：_____

⑤ Q：駅に近いですか。

A：_____

⑥ Q：どんな町ですか。

A：_____

Unit 4　<ruby>日本人留学生<rt>に ほんじんりゅうがくせい</rt></ruby>がやってくる

<ruby>練習<rt>れん しゅう</rt></ruby>しよう

一、請看對話的例子，寫寫看。（漢字上方請注平假名）

例 1

A：<ruby>台湾<rt>たい わん</rt></ruby>の<ruby>食<rt>た</rt></ruby>べ<ruby>物<rt>もの</rt></ruby>で、<ruby>何<rt>なに</rt></ruby>が<ruby>好<rt>す</rt></ruby>きですか。（マンゴー・パパイヤ）

B：そうですね。<u>マンゴー</u>とか、<u>パパイヤ</u>が<ruby>好<rt>す</rt></ruby>きです。

例 2

A：<ruby>台湾<rt>たい わん</rt></ruby>の<ruby>生活<rt>せい かつ</rt></ruby>はどうですか。（<ruby>台湾人<rt>たい わんじん</rt></ruby>は<ruby>親切<rt>しん せつ</rt></ruby>だ・<ruby>食<rt>た</rt></ruby>べ<ruby>物<rt>もの</rt></ruby>もおいしい）

B：そうですね。<u><ruby>台湾人<rt>たい わんじん</rt></ruby>は<ruby>親切<rt>しん せつ</rt></ruby>だ</u>し、<u><ruby>食<rt>た</rt></ruby>べ<ruby>物<rt>もの</rt></ruby>もおいしい</u>し、<ruby>毎<rt>まい</rt></ruby><ruby>日<rt>にち</rt></ruby><ruby>楽<rt>たの</rt></ruby>しいですよ。

1. A：<ruby>台湾<rt>たい わん</rt></ruby>の<ruby>食<rt>た</rt></ruby>べ<ruby>物<rt>もの</rt></ruby>で、<ruby>何<rt>なに</rt></ruby>が<ruby>好<rt>す</rt></ruby>きですか。（<ruby>水餃子<rt>すい ぎょうざ</rt></ruby>・<ruby>牛肉麺<rt>ぎゅうにくめん</rt></ruby>）

   B：そうですね。＿＿＿＿＿＿＿＿とか、＿＿＿＿＿＿＿＿が<ruby>好<rt>す</rt></ruby>きです。

2. A：<ruby>台湾<rt>たい わん</rt></ruby>の<ruby>生活<rt>せい かつ</rt></ruby>はどうですか。（<ruby>交通<rt>こう つう</rt></ruby>が<ruby>便利<rt>べん り</rt></ruby>だ・<ruby>果物<rt>くだもの</rt></ruby>もおいしい）

Ｂ：そうですね。＿＿＿＿＿＿＿＿＿し、＿＿＿＿＿＿＿＿＿し、

毎日楽しいですよ。

例3

Ａ：日本の高校生の間で流行っていることは何ですか。

Ｂ：SNS に写真や動画を投稿することです。

（SNS に写真や動画を投稿する）

3. Ａ：クラスの皆さんの間で流行っていることは何ですか。

Ｂ：＿＿＿＿＿＿＿＿＿＿＿＿＿＿＿＿こＺです。

（人気の YouTuber の動画を見る）

4. Ａ：クラスの皆さんの間で流行っていることは何ですか。

Ｂ：＿＿＿＿＿＿＿＿＿＿＿＿＿＿＿＿ことです。

（スマホのゲームをする）

二、請看例子，寫寫看。（漢字上方請注平假名）

例1

冬・短いスカートを履く

→どうして冬でも短いスカートを履くんですか。

1. 冬・サンダルを履く

→＿＿＿＿＿＿＿＿＿＿＿＿＿＿＿んですか。

2. 授業中・水を飲む

→＿＿＿＿＿＿＿＿＿＿＿＿＿＿＿＿＿んですか。

例2

髪を染める

→髪を染めてもいいですか。

3. ピアスをする

→＿＿＿＿＿＿＿＿てもいいですか。

4. メイクをする

→＿＿＿＿＿＿＿＿てもいいですか。

5. 昼寝をする

→＿＿＿＿＿＿＿＿てもいいですか。

例3

毎日・クラブ活動・ありますか

→毎日クラブ活動があるんですか。

6. 毎日・英語の授業・ありますか

→＿＿＿＿＿＿＿＿＿＿＿＿＿＿＿＿＿

7. 毎日・給食・ありますか

→＿＿＿＿＿＿＿＿＿＿＿＿＿＿＿＿＿

三、請用日文回答看看。（漢字上方請注平假名）

1. 次のことについて質問に答えよう。

① Q：朝ごはんは外で食べますか。

A：＿＿＿＿＿＿＿＿＿＿＿＿＿＿＿＿＿＿＿＿＿＿＿＿＿＿

② Q：どうして飲み物屋さんがたくさんあるんですか。

A：＿＿＿＿＿＿＿＿＿＿＿＿＿＿＿＿＿＿＿＿＿＿＿＿＿＿

③ Q：おすすめのラーメン屋さんはありますか。

A：＿＿＿＿＿＿＿＿＿＿＿＿＿＿＿＿＿＿＿＿＿＿＿＿＿＿

④ Q：どんなクラブに入っていますか。

A：＿＿＿＿＿＿＿＿＿＿＿＿＿＿＿＿＿＿＿＿＿＿＿＿＿＿

2. 読んでみよう「日本人留学生のカルチャーショック」について質問に答えよう。

① Q：台湾と日本の間に、どんな共通点がありますか。
　　（2点書いてください）

A：＿＿＿＿＿＿＿＿＿＿＿＿＿＿＿＿＿＿＿＿＿＿＿＿＿＿

　　＿＿＿＿＿＿＿＿＿＿＿＿＿＿＿＿＿＿＿＿＿＿＿＿＿＿

② Q：日本人留学生にとって、どんなことが不思議ですか。
　　（2点書いてください）

A：＿＿＿＿＿＿＿＿＿＿＿＿＿＿＿＿＿＿＿＿＿＿＿＿＿＿

　　＿＿＿＿＿＿＿＿＿＿＿＿＿＿＿＿＿＿＿＿＿＿＿＿＿＿

Unit 5 日本人にインタビュー
<small>に ほんじん</small>

練習しよう
<small>れん しゅう</small>

一、請看對話的例子，寫寫看。（漢字上方請注平假名）

例 1

A：北海道から台湾まで何時間かかりますか。
<small>ほっかいどう　たいわん　なんじかん</small>
　　（北海道・台湾 / 4 時間半）
<small>ほっかいどう　たいわん　よじかんはん</small>

B：4 時間半ぐらいです。
<small>よ じ かんはん</small>

1. A：＿＿＿＿＿から＿＿＿＿＿まで何時間かかりますか。
　　　　　　　　　　　　　　　　　　　　　　　<small>なんじかん</small>
　　（大阪・台湾 / 3 時間）
<small>おおさか　たいわん　さんじかん</small>

　　B：＿＿＿＿＿＿＿＿＿ぐらいです。

2. A：＿＿＿＿＿から＿＿＿＿＿まで何時間かかりますか。
　　　　　　　　　　　　　　　　　　　　　　　<small>なんじかん</small>
　　（台北・高雄 / 1 時間半）
<small>たいぺい　たかお　いちじかんはん</small>

　　B：＿＿＿＿＿＿＿＿＿ぐらいです。

3. A：＿＿＿＿＿から＿＿＿＿＿まで何時間かかりますか。
　　　　　　　　　　　　　　　　　　　　　　　<small>なんじかん</small>
　　（北海道・沖縄 / 4 時間）
<small>ほっかいどう　おきなわ　よじかん</small>

　　B：＿＿＿＿＿＿＿＿＿ぐらいです。

例2

A：どこのホテルに泊まっているんですか。 （駅・近く）

B：駅の近くのホテルです。

4. A：どこのホテルに泊まっているんですか。 （町・中）

   B：＿＿＿＿＿＿＿＿＿＿のホテルです。

5. A：どこのホテルに泊まっているんですか。 （海・近く）

   B：＿＿＿＿＿＿＿＿＿＿のホテルです。

例3

A：いつ行きましたか。 （先週）

B：先週行きました。

6. A：どこへ行きましたか。 （沖縄）

   B：＿＿＿＿＿＿＿＿＿＿＿＿＿＿＿＿＿＿＿＿＿

7. A：誰と行きましたか。 （父と母）

   B：＿＿＿＿＿＿＿＿＿＿＿＿＿＿＿＿＿＿＿＿＿

8. A：何日間でしたか。 （1週間）

   B：＿＿＿＿＿＿＿＿＿＿＿＿＿＿＿＿＿＿＿＿＿

二、請看例子，寫寫看。（漢字上方請注平假名）

例 1

夜遅くまで外で遊んでいる

→皆さん、夜遅くまで外で遊んでいるので、びっくりしました。

1. 朝早くから公園で運動している

　　→皆さん、＿＿＿＿＿＿＿＿＿＿＿ので、びっくりしました。

2. かばんが重い

　　→皆さん、＿＿＿＿＿＿＿＿＿＿＿ので、びっくりしました。

3. 日本語ができる

　　→皆さん、＿＿＿＿＿＿＿＿＿＿＿ので、びっくりしました。

例 2

高鐵？

→高鐵って何ですか。

4. 小倉トースト

　　→＿＿＿＿＿って何ですか。

5. 味噌カツ

→＿＿＿＿＿って何ですか。

6. 豚カツ

→＿＿＿＿＿って何ですか。

三、請用日文回答看看。（漢字上方請注平假名）

1. 旅行の経験について質問に答えよう。

① Q：いつ旅行に行きましたか。

A：＿＿＿＿＿＿＿＿＿＿＿＿＿＿＿＿＿＿＿＿＿

② Q：どこへ行きましたか。

A：＿＿＿＿＿＿＿＿＿＿＿＿＿＿＿＿＿＿＿＿＿

③ Q：何日間でしたか。

A：＿＿＿＿＿＿＿＿＿＿＿＿＿＿＿＿＿＿＿＿＿

④ Q：どうでしたか。

A：＿＿＿＿＿＿＿＿＿＿＿＿＿＿＿＿＿＿＿＿＿

2. 読んでみよう「日本人に聞きました」について質問に答えよう。

① Q：筆者は山中さんに「台湾はどうですか」と聞きました。山中さんは何と言っていましたか。（2点書いてください）

A：_____

_____

② Q：筆者は山中さんに「困ったことはありませんか」と聞きました。山中さんは何と言っていましたか。

A：_____

Unit 6　Skype を使って交流しよう

スカイプ（すかいぷ）　使（つか）って　交流（こうりゅう）

練習（れん しゅう）しよう

一、請看對話的例子，寫寫看。（漢字上方請注平假名）

例 1

A：ゴールデンウィークって何（なん）ですか。（5月（ご がつ）の初（はじ）めにある1週（いっしゅう）間（かん）ぐらいの休（やす）み）

B：5月（ご がつ）の初（はじ）めにある1週間（いっしゅうかん）ぐらいの休（やす）みです。

1. A：大晦日（おお みそ か）って何（なん）ですか。（1年（いちねん）の最後（さい ご）の日（ひ）のこと）

   B：＿＿＿＿＿＿＿＿＿＿＿＿＿＿＿＿です。

2. A：除夜（じょ や）の鐘（かね）って何（なん）ですか。（大晦日（おお みそ か）の夜（よるれいじ）0時にお寺（てら）で、
   108回（ひゃくはっかい）の鐘（かね）を衝（つ）くこと）

   B：＿＿＿＿＿＿＿＿＿＿＿＿＿＿＿＿です。

例 2

A：ねぇ、今（いま）、時間大丈夫（じ かんだいじょう ぶ）？

B：うん、どうしたの？（両親（りょうしん）とけんかする）

Ａ：実は<ruby>両親<rt>りょうしん</rt></ruby>とけんかしちゃって……。

3. Ａ：ねぇ、<ruby>今<rt>いま</rt></ruby>、<ruby>時間大丈夫<rt>じ かん だいじょう ぶ</rt></ruby>？

   Ｂ：うん、どうしたの？（<ruby>弟<rt>おとうと</rt></ruby>とけんかする）

   Ａ：<ruby>実<rt>じつ</rt></ruby>は_____ちゃって……。

4. Ａ：ねぇ、<ruby>今<rt>いま</rt></ruby>、<ruby>時間大丈夫<rt>じ かん だいじょう ぶ</rt></ruby>？

   Ｂ：うん、どうしたの？（<ruby>彼氏<rt>かれ し</rt></ruby>とけんかする）

   Ａ：<ruby>実<rt>じつ</rt></ruby>は_____ちゃって……。

二、請看例子，寫寫看。（漢字上方請注平假名）

例 1

<ruby>台湾語<rt>たい わん ご</rt></ruby>・<ruby>中国語<rt>ちゅうごく ご</rt></ruby> / <ruby>違<rt>ちが</rt></ruby>う

→<ruby>台湾語<rt>たい わん ご</rt></ruby>と<ruby>中国語<rt>ちゅうごく ご</rt></ruby>は<ruby>違<rt>ちが</rt></ruby>います。

1. こどもの<ruby>日<rt>ひ</rt></ruby>・「<ruby>兒童節<rt></rt></ruby>」 / <ruby>違<rt>ちが</rt></ruby>う

   →_____

2. <ruby>台湾<rt>たい わん</rt></ruby>のお<ruby>祭<rt>まつ</rt></ruby>り・<ruby>日本<rt>に ほん</rt></ruby>のお<ruby>祭<rt>まつ</rt></ruby>り / <ruby>違<rt>ちが</rt></ruby>う

   →_____

例2

旧正月・年・違う
<ruby>旧正月<rt>きゅうしょうがつ</rt></ruby>・<ruby>年<rt>とし</rt></ruby>・<ruby>違<rt>ちが</rt></ruby>う

→旧正月は年によって違います。
→<ruby>旧正月<rt>きゅうしょうがつ</rt></ruby>は<ruby>年<rt>とし</rt></ruby>によって<ruby>違<rt>ちが</rt></ruby>います。

3. おいしい<ruby>食<rt>た</rt></ruby>べ<ruby>物<rt>もの</rt></ruby>・<ruby>季節<rt>きせつ</rt></ruby>・<ruby>違<rt>ちが</rt></ruby>う

　→ _____

4. <ruby>制服<rt>せいふく</rt></ruby>・<ruby>学校<rt>がっこう</rt></ruby>・<ruby>違<rt>ちが</rt></ruby>う

　→ _____

5. <ruby>習慣<rt>しゅうかん</rt></ruby>・<ruby>地方<rt>ちほう</rt></ruby>・<ruby>違<rt>ちが</rt></ruby>う

　→ _____

三、請用日文回答看看。（漢字上方請注平假名）

1. <ruby>台湾<rt>たいわん</rt></ruby>の<ruby>節句<rt>せっく</rt></ruby>について<ruby>質問<rt>しつもん</rt></ruby>に<ruby>答<rt>こた</rt></ruby>えよう。

① Q：<ruby>台湾<rt>たいわん</rt></ruby>の<ruby>中秋節<rt>ちゅうしゅうせつ</rt></ruby>に<ruby>何<rt>なに</rt></ruby>を<ruby>食<rt>た</rt></ruby>べますか。

　A： _____

② Q：<ruby>台湾<rt>たいわん</rt></ruby>の<ruby>端午節<rt>たんごせつ</rt></ruby>に<ruby>何<rt>なに</rt></ruby>を<ruby>食<rt>た</rt></ruby>べますか。

　A： _____

③ Q：<ruby>台湾<rt>たいわん</rt></ruby>の<ruby>お祭<rt>まつ</rt></ruby>りで<ruby>一番<rt>いちばん</rt></ruby>おもしろいのはどれですか。

　A： _____

④ Q：あなたの町<ruby>町<rt>まち</rt></ruby>では<ruby>大晦日<rt>おおみそか</rt></ruby>のカウントダウンの<ruby>時<rt>とき</rt></ruby>、<ruby>何<rt>なに</rt></ruby>をします
　　　か。

　　A：＿＿＿＿＿＿＿＿＿＿＿＿＿＿＿＿＿＿＿＿＿＿＿＿＿

2. <ruby>読<rt>よ</rt></ruby>んでみよう「<ruby>台湾<rt>たいわん</rt></ruby>のお<ruby>祭<rt>まつ</rt></ruby>り」について<ruby>質問<rt>しつもん</rt></ruby>に<ruby>答<rt>こた</rt></ruby>えよう。

① Q：<ruby>筆者<rt>ひっしゃ</rt></ruby>は<ruby>台湾<rt>たいわん</rt></ruby>のお<ruby>祭<rt>まつ</rt></ruby>りで、<ruby>特<rt>とく</rt></ruby>に<ruby>人気<rt>にんき</rt></ruby>があるのは<ruby>何<rt>なん</rt></ruby>だと<ruby>紹介<rt>しょうかい</rt></ruby>し
　　　ていますか。

　　A：＿＿＿＿＿＿＿＿＿＿＿＿＿＿＿＿＿＿＿＿＿＿＿＿＿

② Q：「<ruby>燈會<rt></rt></ruby>」はいつ<ruby>行<rt>おこな</rt></ruby>われますか。

　　A：＿＿＿＿＿＿＿＿＿＿＿＿＿＿＿＿＿＿＿＿＿＿＿＿＿

③ Q：「<ruby>平溪天燈<rt></rt></ruby>」とは、<ruby>何<rt>なん</rt></ruby>ですか。

　　A：＿＿＿＿＿＿＿＿＿＿＿＿＿＿＿＿＿＿＿＿＿＿＿＿＿

Unit 7　友達と付き合おう

ともだち　つ　あ

練習しよう

れん しゅう

一、請看對話的例子，寫寫看。（漢字上方請注平假名）

例 1

A：わさび、だめ？（わさび・苦手）
にが て

B：うん。実は、わさびはちょっと……。
じっ

例 2

A：辛いの、だめ？（辛いの・好き）
から　　　　　　　　から　　す

B：いいえ、大丈夫です。
だいじょう ぶ

1. A：甘いの、だめ？（甘いの・苦手）
あま　　　　　　　　あま　　にが て

　　B：うん、＿＿＿＿＿＿＿＿＿＿＿＿＿。

2. A：さしみ、だめ？（さしみ・好き）
す

　　B：いいえ、＿＿＿＿＿＿＿＿＿＿＿です。

Ａ：映画、見に行かない？（映画・見に行く）

Ｂ：うん、いいね。

３. Ａ： _____

（１０１の花火・見に行く）

Ｂ：うん、いいね。

４. Ａ： _____

（ランタンフェスティバル・見に行く）

Ｂ：うん、いいね。

二、請看例子，寫寫看。（漢字上方請注平假名）

例１

開ける / いいですか。

開けてもいいですか。

→はい、開けてもいい。

→いいえ、開けてはいけない。

１. アルバイトする / いいですか。

アルバイトしてもいいですか。

→はい、 _____

→いいえ、 _____

2. 遅く帰る / いいですか。

　　遅く帰ってもいいですか。

　　→はい、＿＿＿＿＿＿＿＿＿＿＿＿＿＿＿＿＿＿＿＿＿＿＿

　　→いいえ、＿＿＿＿＿＿＿＿＿＿＿＿＿＿＿＿＿＿＿＿＿

3. 友達の家に泊まる / いいですか。

　　友達の家に泊まってもいいですか。

　　→はい、＿＿＿＿＿＿＿＿＿＿＿＿＿＿＿＿＿＿＿＿＿＿＿

　　→いいえ、＿＿＿＿＿＿＿＿＿＿＿＿＿＿＿＿＿＿＿＿＿

4. 無断外出する / いいですか。

　　無断外出してもいいですか。

　　→はい、＿＿＿＿＿＿＿＿＿＿＿＿＿＿＿＿＿＿＿＿＿＿＿

　　→いいえ、＿＿＿＿＿＿＿＿＿＿＿＿＿＿＿＿＿＿＿＿＿

5. 誰かの写真をダウンロードする / いいですか。

　　誰かの写真をダウンロードしてもいいですか。

　　→はい、＿＿＿＿＿＿＿＿＿＿＿＿＿＿＿＿＿＿＿＿＿＿＿

　　→いいえ、＿＿＿＿＿＿＿＿＿＿＿＿＿＿＿＿＿＿＿＿＿

毎日ごみを捨てる。

→毎日ごみを捨てなければならない。

6. 毎日部屋を掃除する。

　→ _____

7. 毎晩食器を片付ける。

　→ _____

8. 毎晩門限を守る。

　→ _____

9. 週末アルバイトをする。

　→ _____

例 3

ネット上で知り合った人と会う。

→ネット上で知り合った人と会ったことがありますか。

10. 日本へ行く。

　→ _____ ことがありますか。

11. さしみを食べる。

　→ _____ ことがありますか。

12.アルバイトをする。

→＿＿＿＿＿＿＿＿＿＿＿＿＿＿＿＿ことがありますか。

三、請用日文回答看看。（漢字上方請注平假名）

1. 「守らなければならないルール」について質問に答えよう。

① Q：こどもの時、家で、守らなければならないルールがありましたか。

A：＿＿＿＿＿＿＿＿＿＿＿＿＿＿＿＿＿＿＿

② Q：中学校の時、家で、守らなければならないルールがありましたか。

A：＿＿＿＿＿＿＿＿＿＿＿＿＿＿＿＿＿＿＿

2. 読んでみよう「ＳＮＳを使う時のルール」について質問に答えよう。

① Q：どうして、人の絵や写真をダウンロードして使ってはいけませんか。

A：＿＿＿＿＿＿＿＿＿＿＿＿＿＿＿＿＿＿＿

② Q：どうして、ＳＮＳを使ったあと、ログアウトしなければなりませんか。

A：＿＿＿＿＿＿＿＿＿＿＿＿＿＿＿＿＿＿＿

Unit 8 取材
しゅざい

練習しよう
れんしゅう

一、請看對話的例子，寫寫看。（漢字上方請注平假名）

例

A：あの人たちは何をしているんですか？（太極拳をする）
　ひと　　　　なに　　　　　　　　　　　　　　たいきょくけん

B：太極拳をしています。
　たいきょくけん

1. A：あの人たちは何をしているんですか？（おしゃべりをする）
　　ひと　　　なに

　　B：_____

2. A：あの人たちは何をしているんですか？
　　ひと　　　なに

　　　（ダンスの練習をする）
　　　　　　　れんしゅう

　　B：_____

3. A：あの人たちは何をしているんですか？（料理をする）
　　ひと　　　なに　　　　　　　　　　　　　　りょうり

　　B：_____

4. A：あの人たちは何をしているんですか？（掃除をする）
　　ひと　　　なに　　　　　　　　　　　　　　そうじ

　　B：_____

二、請看例子，寫寫看。（漢字上方請注平假名）

例 1

山 / 大きい・きれいだ

→山は大きくて、きれいです。

1. 展望台の上 / 高い・怖い

→ _____

2. お酒 / 辛い・おいしくない

→ _____

3. あの店の料理 / 肉が多い・おいしい

→ _____

例 2

安平 / 古い建物が多い・おいしいものもたくさんある

→安平は古い建物が多いし、おいしいものもたくさんあります。

4. この公園 / 広い・花もきれい

→ _____

5. そこの広場 / 人が多い・にぎやかだ

→ _____

例 3

台東 / 観光地・有名だ

→台東は観光地として有名です。

6. 北投 / 温泉地・有名だ

→ _____

7. 松山文創園區 / カルチャースポット・有名だ

→ _____

三、請用日文回答看看。（漢字上方請注平假名）

1.「すすめたいところ」について質問に答えよう。

① Q：外国人の友達に一番すすめたい場所はどこですか。

A：_____

Q：どうしてですか。

A：_____

② Q：外国の友達に一番すすめたいカルチャースポットはどこで
　　 すか。

A：_____

Q：どうしてですか。

A：_____

2. 読んでみよう「昔と今」について質問に答えよう。

① Q：日本統治時代の建物はどこにありますか。

A：_____

② Q：「松山文創園區」の昔と今はどう違いますか。

A：_____

Unit 1　なぜ私は日本語を学ぶのか

一、請看對話的例子，寫寫看。

1. ネットショッピングをしたい

2. 日本へ留学したい

3. 日本の友達とおしゃべりをしたい

4. マンガを読みたい

二、請看例子，寫寫看。

1. キャラクターのグッズ

2. マンガ

3. お菓子

4. 日本で買ったお土産

5. 台南で買ったお菓子

三、請用日文回答看看。

1. （本題無標準答案，請同學依自己真實狀況回答，以下例子僅供參考）
　　①日本へ行きたいからです。
　　②日本の音楽が好きだからです。

2. ①日本のことを知りたいからです。
　　②文化について学びたいからです。
　　③新しい人と出会いたいからです。

Unit 2　私の休日

一、請看對話的例子，寫寫看。

1. 家事をしたり、ペットの散歩をしたり

2. サークルの練習をしたり、ハイキングに行ったり

二、請看例子，寫寫看。

1. 台湾の

2. 台湾の

3. 日本の

三、請用日文回答看看。

1. （本題無標準答案，請同學依自己真實狀況回答，以下例子僅供參考）

　　①花蓮へ行きました。

　　②家族と行きました。

　　③旅行をしました。

　　④とても楽しかったです。

2. ①初めて日本のお祭りを見ました。

　　②かき氷と焼きそばを食べました。

　　③盆踊りに参加しました。

　　④楽しかったです。

Unit 3　私の住んでいる所

一、請看對話的例子，寫寫看。

1. 豆花というデザート・炸雞排というフライドチキン

2. 小林拉麺というラーメンの店・陳家粽子という粽の店

二、請看例子，寫寫看。

1. ①高いビルではなく、二階建て

   ②公園ではなく、庭

2. ①もっと大きい本棚がほしい

   ②もっときれいな庭がほしい

3. ①城隍廟・有名なお寺

   ②台東公園・有名な古跡

三、請用日文回答看看。

1. （本題無標準答案，請同學依自己真實狀況回答，以下例子僅供參考）

   A：私の部屋は狭いです。

2. ①台中の田舎に住んでいます。

   ②二階建てで、庭があります。

   ③コンビニや市場があります。

   ④犬の散歩をしている人や、運動している人がいます。

   ⑤いいえ、駅まで遠いです。

   ⑥自然が豊かな町です。

Unit 4　日本人留学生がやってくる

一、請看對話的例子，寫寫看。

1. 水餃子・牛肉麺

2. 交通が便利だ・果物もおいしい

3. 人気のYouTuberの動画を見る

4. スマホのゲームをする

二、請看例子，寫寫看。

1. どうして冬でもサンダルを履く

2. どうして授業中でも水を飲む

3. ピアスをし

4. メイクをし

5. 昼寝をし

6. 毎日英語の授業があるんですか。

7. 毎日給食があるんですか。

三、請用日文回答看看。

1. （本題無標準答案，請同學依自己真實狀況回答，以下例子僅供參考）

    ①はい、外で食べます。　or　いいえ、家で食べます。

    ②みんな飲み物が好きだからです。

    ③はい、あります。（〜ラーメン屋がおいしいです）

    　or いいえ、特にありません。

    ④日本語のクラブに入っています。

2. ①同じ島国です。どちらも地震、台風が多いです。

    or どちらも漢字を使っています。

    ②たとえばオートバイが多いこと、バスの運転が荒いことなどです。

Unit 5　日本人にインタビュー

一、請看對話的例子，寫寫看。

1. 大阪・台湾・3時間

2. 台北・高雄・1時間半

3. 北海道・沖縄・4時間

4. 町の中

5. 海の近く

6. 沖縄へ行きました。

7. 父と母と行きました。

8. 1週間でした。

二、請看例子，寫寫看。

1. 朝早くから公園で運動している

2. かばんが重い

3. 日本語ができる

4. 小倉トースト

5. 味噌カツ

6. 豚カツ

三、請用日文回答看看。

1. （本題無標準答案，請同學依自己真實狀況回答，以下例子僅供參考）

①お正月の時、旅行しました。

②京都へ行きました。

③一週間でした。

④楽しかったです。

2. ①台湾人の学生はやさしい。交流会が楽しかった。食べ物がおいしい。

②うまくコミュニケーションがとれないのがとても悔しい。

Unit 6　Skypeを使って交流しよう

一、請看對話的例子，寫寫看。

1. 1年の最後の日のこと

2. 大晦日の夜0時にお寺で、108回の鐘を衝くこと

3. 弟とけんかし

4. 彼氏とけんかし

二、請看例子，寫寫看。

1. こどもの日と「兒童節」は違います。

2. 台湾の祭りと日本の祭りは違います。

3. おいしい食べ物は季節によって違います。

4. 制服は学校によって違います。

5. 習慣は地方によって違います。

三、請用日文回答看看。

1. （本題無標準答案，請同學依自己真實狀況回答，以下例子僅供參考）

①「月餅」を食べます。

②粽を食べます。

③101のカウントダウン花火ショーがおもしろいです。

④特に何もしません。

2. ①ランタンフェスティバルと台北101のカウントダウン花火ショーです。

②旧暦の1月15日です。

③平溪のイベントです。たくさんの人が平溪に来て、
願いを書いたランタンを夜空に上げるイベントです。

Unit 7　友達と付き合おう

一、請看對話的例子，寫寫看。

1. 実は、甘いのはちょっと……

2. 大丈夫

3. １０１の花火、見に行かない？

4. ランタンフェスティバル、見に行かない？

二、請看例子，寫寫看。

1. アルバイトしてもいい。
   アルバイトしてはいけない。

2. 遅く帰ってもいい。
   遅く帰ってはいけない。

3. 友達の家に泊まってもいい。
   友達の家に泊まってはいけない。

4. 無断外出してもいい。
   無断外出してはいけない。

5. 誰かの写真をダウンロードしてもいい。
   誰かの写真をダウンロードしてはいけない。

6. 毎日部屋を掃除しなければならない。

7. 毎晩食器を片付けなければならない。

8. 毎晩門限を守らなければならない。

9. 週末アルバイトをしなければならない。

10. 日本へ行った

11. さしみを食べた

12. アルバイトをした

三、請用日文回答看看。

1. ①（無標準答案）はい、あります。

  or いいえ、特にありません。

  ②（無標準答案）はい、あります。

  or いいえ、特にありません。

2. ①著作権違反だからです。

  ②みんなが使うパソコンだからです。

Unit8　取材(しゅざい)

一、請看對話的例子，寫寫看。

1. おしゃべりをしています。

2. ダンスの練習(れんしゅう)をしています。

3. 料理(りょうり)をしています。

4. 掃除(そうじ)をしています。

二、請看例子，寫寫看。

1. 展望台(てんぼうだい)の上(うえ)は高(たか)くて、怖(こわ)いです。

2. お酒(さけ)は辛(から)くて、おいしくないです。

3. あの店(みせ)の料理(りょうり)は肉(にく)が多(おお)くて、おいしいです。

4. この公園(こうえん)は広(ひろ)いし、花(はな)もきれいです。

5. そこの広場(ひろば)は人(ひと)が多(おお)いし、にぎやかです。

6. 北投(ぺいとう)は温泉地(おんせんち)として有名(ゆうめい)です。

7. 松山文創園區(まつやまぶんそうえんく)はカルチャースポットとして有名(ゆうめい)です。

三、請用日文回答看看。

1. ①（本題無標準答案，請同學依自己真實狀況回答，以下例子僅供參考）

   Ａ：台北(たいぺい)１０１(いちまるいち)です。

   Ａ：眺(なが)めがいいからです。

   ②（無標準答案）Ａ：林家花園(りんかかえん)です。

   Ａ：歴史(れきし)があるからです。

2. ①都会(とかい)だけではなく、田舎(いなか)にもあります。or どの町(まち)でも見(み)られます。

   or 台湾(たいわん)のいたるところにあります。

   ②昔(むかし)はタバコの工場(こうじょう)でしたが、今(いま)は新(あたら)しいカルチャースポットになりました。

動詞的活用表　第一類型

ます型	て・た型	ない型	原型	中文
会_あいます	会_あって・ 会_あった	会_あわない	会_あう	見面
言_いいます	言_いって・ 言_いった	言_いわない	言_いう	說
買_かいます	買_かって・ 買_かった	買_かわない	買_かう	買
違_{ちが}います	違_{ちが}って・ 違_{ちが}った	違_{ちが}わない	違_{ちが}う	不同
使_{つか}います	使_{つか}って・ 使_{つか}った	使_{つか}わない	使_{つか}う	使用
出会_{であ}います	出会_{であ}って・ 出会_{であ}った	出会_{であ}わない	出会_{であ}う	見面・相逢
あります	あって・ あった	*ない	ある	有
帰_{かえ}ります	帰_{かえ}って・ 帰_{かえ}った	帰_{かえ}らない	帰_{かえ}る	回家
かかります	かかって・ かかった	かからない	かかる	花費
作_{つく}ります	作_{つく}って・ 作_{つく}った	作_{つく}らない	作_{つく}る	做
なります	なって・ なった	ならない	なる	成為

泊<ruby>と</ruby>まります	泊<ruby>と</ruby>まって・ 泊<ruby>と</ruby>まった	泊<ruby>と</ruby>まらない	泊<ruby>と</ruby>まる	住宿
入<ruby>はい</ruby>ります	入<ruby>はい</ruby>って・ 入<ruby>はい</ruby>った	入<ruby>はい</ruby>らない	入<ruby>はい</ruby>る	進來
流行<ruby>はや</ruby>ります	流行<ruby>はや</ruby>って・ 流行<ruby>はや</ruby>った	流行<ruby>はや</ruby>らない	流行<ruby>はや</ruby>る	流行
守<ruby>まも</ruby>ります	守<ruby>まも</ruby>って・ 守<ruby>まも</ruby>った	守<ruby>まも</ruby>らない	守<ruby>まも</ruby>る	遵守，守護
住<ruby>す</ruby>みます	住<ruby>す</ruby>んで・ 住<ruby>す</ruby>んだ	住<ruby>す</ruby>まない	住<ruby>す</ruby>む	住
飲<ruby>の</ruby>みます	飲<ruby>の</ruby>んで・ 飲<ruby>の</ruby>んだ	飲<ruby>の</ruby>まない	飲<ruby>の</ruby>む	喝
読<ruby>よ</ruby>みます	読<ruby>よ</ruby>んで・ 読<ruby>よ</ruby>んだ	読<ruby>よ</ruby>まない	読<ruby>よ</ruby>む	讀
書<ruby>か</ruby>きます	書<ruby>か</ruby>いて・ 書<ruby>か</ruby>いた	書<ruby>か</ruby>かない	書<ruby>か</ruby>く	寫
聞<ruby>き</ruby>きます	聞<ruby>き</ruby>いて・ 聞<ruby>き</ruby>いた	聞<ruby>き</ruby>かない	聞<ruby>き</ruby>く	聽
履<ruby>は</ruby>きます	履<ruby>は</ruby>いて・ 履<ruby>は</ruby>いた	履<ruby>は</ruby>かない	履<ruby>は</ruby>く	穿（鞋、裙、褲）
行<ruby>い</ruby>きます	*行<ruby>い</ruby>って・ 行<ruby>い</ruby>った	行<ruby>い</ruby>かない	行<ruby>い</ruby>く	去

★注意看畫下線的地方，可發現「て・た型」的變化有規則，但是「＊」記號處為「例外」。

動詞的活用表　第二類型

ます型	て・た型	ない型	原型	中文
開(あ)けます	開(あ)けて・ 開(あ)けた	開(あ)けない	開(あ)ける	打開
上(あ)げます	上(あ)げて・ 上(あ)げた	上(あ)げない	上(あ)げる	舉起
温(あたた)めます	温(あたた)めて・ 温(あたた)めた	温(あたた)めない	温(あたた)める	溫熱
います	いて・ いた	いない	いる	在，有（生命物）
行(おこな)われます	行(おこな)われて・ 行(おこな)われた	行(おこな)われない	行(おこな)われる	舉行
片付(かたづ)けます	片付(かたづ)けて・ 片付(かたづ)けた	片付(かたづ)けない	片付(かたづ)ける	整理，清理
捨(す)てます	捨(す)てて・ 捨(す)てた	捨(す)てない	捨(す)てる	捨棄
染(そ)めます	染(そ)めて・ 染(そ)めた	染(そ)めない	染(そ)める	染（色）
できます	できて・ できた	できない	できる	會，能
見(み)られます	見(み)られて・ 見(み)られた	見(み)られない	見(み)られる	可見到

動詞的活用表 第三類型

ます型	て・た型	ない型	原型	中文
（アルバイト）します	（アルバイト）して・（アルバイト）した	（アルバイト）しない	（アルバイト）する	打工
来^きます	来^きて・来^きた	来^こない	来^くる	來

注解：本冊與「アルバイトする」相同的動詞很多，這類動詞本身也當名詞，也可以用「アルバイトをする」的句型表達。因此第三類型只有「する」、「来^くる」而已。與「アルバイトする」一樣屬「する」的有以下詞彙，請自行參照變化。

おしゃべりする（聊天）	びっくりする（驚嚇）
ネットショッピングする（網購）	ピアスする（穿耳洞）
運動^{うんどう}する（運動）	メイクする（化妝）
掃除^{そうじ}する（打掃）	外出^{がいしゅつ}する（外出）
紹介^{しょうかい}する（介紹）	ハイキングする（郊遊）
投稿^{とうこう}する（上傳）	ダウンロードする（下載）
昼寝^{ひるね}する（睡午覺）	太極拳^{たいきょくけん}する（打太極拳）
成長^{せいちょう}する（成長）	インタビューする（訪談）

Note

瑞蘭國際